AF359516

UN DERNIER MOT

SUR LE PRÉTENDU

POLYTHÉISME DES EGYPTIENS

(SUITE)

PAR J.-F.-A. PERROT,

Archéologue, Membre de la Société française pour la conservation et la description des monuments historiques, et de plusieurs Sociétés savantes ; — auteur des *Lettres sur Nîmes et le midi de la France*, onze éditions de l'*Histoire des antiquités de Nîmes*, d'un *Essai sur les Momies*, etc. , etc.

Il faut bien peu de chose pour donner
naissance à une erreur ;
Il en faut moins encore pour l'accréditer.

NIMES

CHEZ L'AUTEUR, PLACE MAISON-CARRÉE, 10.

—

1857.

NIMES. — TYP. SOUSTELLE, BOULEVART ST-ANTOINE, 9.

**M. Perrot de Nimes a adressé la lettre
suivante à Messieurs les Membres
de l'académie des sciences.**

Messieurs,

En vous adressant mon petit ouvrage, *un
dernier mot sur le prétendu polythéisme des
Egyptiens.* Permettez-moi de répondre aux
objections faites par quelques amis qui m'ont
fait l'honneur de m'écrire et par les journaux
qui s'en sont occupés.

Les uns et les autres ont prétendu faire une
comparaison que je ne puis admettre : La vé-
nération que nous accordons aux Saints ne
saurait être prise pour de l'adoration, et nous
ne voyons rien dans les tableaux égyptiens
qui ressemble à l'une ou à l'autre ; pour quelque objet que ce puisse être et surtout pour
les personnages symboliques qu'on prétend
leur comparer.

4

Une remarque bien digne d'être signalée,
c'est que tandis qu'on ne peut lire ou traduire
un poème grec ou latin, sans rencontrer à
chaque pas l'invocation *aux dieux*. Cette invocation ne se trouve nulle part dans les traductions des papyrus ou des monuments de
l'Egypte, publiées par nos savants Egyptolo-
gues. Un savant auteur (1) a dit « on sait que
les Egyptiens donnaient une forme sensible à
toutes leurs idées religieuses; *de là, cette mul-*
titude de prétendus dieux qui n'étaient que
les images symboliques des attributs divins. »

S'il était possible de supposer que les peintures que je possède m'eussent égaré dans mes
recherches pour découvrir la véritable théogonie des Egyptiens, il faudrait admettre que
mon erreur a été partagée par tous les auteurs
qui, sans les comprendre, ont décrit les ornements et les peintures des monuments de ces
anciens peuples. Ils ont vu dans les temples,
dans les lieux où se tenaient les assemblées
religieuses, *un cercle* ou la figure du *soleil.*
Cette figure était partout au haut des tableaux,
dans les temples, elle occupait la place la plus
honorable comme la croix dans nos temples
chrétiens, Moïse qui prescrit de placer le dis-

(1) Lanci, la *Sainte Ecriture éclaircie*, N° page 54,
ouvrage approuvé à Rome.

que ailé sur l'arche, dit lui-même « qu'il figure sur la porte des temples de l'Egypte. » Il prescrit de donner à l'éphod la forme d'un *disque* comme étant la plus noble; de faire un *disque* à chaque branche du chandelier. (**) Zacharie, Ezéchiel, disent de même. Placé au haut des tableaux il était destiné à instruire les hommes de leurs devoirs envers Dieu tout en indiquant les travaux de la saison. Par exemple, placé sur la tête d'un taureau il marquait l'époque du labourage des terres, s'il était ailé il annonçait les vents qui soufflent sur le Nil avant les débordements.

Placé sur la tête d'une infinité d'animaux, ou sur celle d'un personnage symbolique distingué, il ajoutait à ces figures l'idée de puissance et celle des prières qu'ils devaient adresser au *Créateur*.

La figure du soleil devenait l'emblème de l'Etre Tout-Puissant, le Père de la vie, le Fort, l'Eternel. — C'est devant cette figure qu'ils se prosternaient dans leurs sacrifices, ils adressaient leurs remerciments et leurs prières au Très-Haut dont ces peintures et cette écriture les entretenait. L'œil, l'oreille et l'esprit étaient toujours occupés du soleil, leurs vœux et leurs actions de grâces s'adressaient à lui seul.

(1) Lanci, page 68 et 180.

On conçoit, en effet, qu'un peuple aussi éminemment contemplatif que l'étaient les Egyptiens, dût rattacher des idées de divinité à la magnificence éblouissante de l'astre du jour.

Ce sont les auteurs Grecs qui ont erré, ne comprenant pas le sens de cette écriture ou de ces images, ils ont pris pour des dieux toutes ces figures symboliques, auxquelles ils ont donné des noms divins et forgé des histoires qui sont passées à la postérité.

Les erreurs d'Hérodote n'ont pas été acceptées par tous les auteurs. Champollion nous cite un passage d'Horapollon qui dit « que le bœuf, chez les Egyptiens, était le symbole de la puissance, de la force unie à la tempérance et de la fécondité. » Platon ne donne aucun appui aux fables contenues dans les neuf livres d'Hérodote, qui reçurent les noms des muses. Le long séjour, en Egypte, du Moïse Athénien, c'est ainsi qu'on nommait Platon, parmi les sages et les philosophes (1) serait sans excuse, si l'on supposait que c'était pour apprendre de ces prêtres si savants, comment on doit adorer des mouches, des araignées, des scorpions ou des rats, où bien encore comment nos âmes peuvent se transmettre

(1) Strabon dit que « Platon et Euxode habitèrent pendant treize ans la même maison. »

dans le corps d'une chouette ou d'un crapaud, selon les théories de Pithagore et d'Anaxagore?

Je ne répèterai pas ici ce que j'ai déjà dit des auteurs sacrés et des auteurs profanes, pour demontrer que toutes ces erreurs proviennent des fausses interprétations de l'histoire ou des traductions erronnées.

Je dirai seulement que, pour se convaincre de ces erreurs, il ne faut qu'examiner les rôles que le peintre a assigné à chaque personnage de la grande triade dans toutes les scènes où ils figurent. Dans le deuxième et le troisième tableaux, à Anubis. Dans le cinquième, dans le septième, neuvième, dixième, enfin dans le treizième et le dix-huitième. Cet examen prouvera que les personnifications des vertus, purement symboliques, n'étaient pas l'objet d'un culte.

Or, si l'on enlève du polythéisme la grande triade d'Hérodote, le chien Anubis et le Bœuf-Apis, que restera-t-il?

En attendant la solution à cette question, veuillez bien me faire l'honneur d'agréer, etc,

PERROT,

Archéologue.

AVIS.

Malgré les bornes que nous nous étions imposées dans l'opuscule que nous avons publié, et que nous nous étions promis de ne pas dépasser, la gravité des objections qu'une question aussi importante pour l'histoire a soulevées, nous oblige à ajouter quelques éclaircissements devenus indispensables, pour corroborer nos découvertes et justifier nos opinions.

UN DERNIER MOT

SUR LE PRÉTENDU

POLYTHÉISME DES EGYPTIENS.

I.

On retrouve chez les anciens peuples les traces de la Triade, dont presque tous les auteurs ont parlé de différentes manières, Platon, qui a cru la reconnaître en Egypte définit ainsi la sienne « Dieu, comme la substance des idées ; la *matière incréée* était le second principe co-éternel à Dieu ; enfin *l'âme* du monde, participant de Dieu et de celle de la matière devenant l'organisatrice du monde, formait la troisième. »

Brahm, dieu suprême (lequel dormait sur les ondes depuis un temps infini avant la création des mondes(1).

(1) Essai sur le Panthéisme par l'abbé Maret, page 362.

Brahma, esprit créateur; *Paramatna*, l'âme du monde dont tous les éléments sont tirés (1), telle est la trinité des Brahamistes de l'Inde.

Schlégel nous donne la trinité des *Manou*, l'une des sectes des «Hindous»: *Citma*, *Mana*, *Akankara*.

Si nous suivions le savant abbé Maret, nous retrouverions les traces des Triades, dans le culte des peuples du grand plateau de la Chine , en Perse , en Assyrie et même en Egypte , tous ont reconnu trois puissances réunies en une seule, d'autres l'ont fait suivre des monades , comme subdivision de ces puissances. C'est de ces idées que le savant auteur fait descendre, par suite de corruption, le polythéisme des Egyptiens. Il résume en ces termes les données de Jamblique et Porphyre, auteurs Alexandrins.

« Avant tout existe le dieu sans nom. Il est l'obscurité primitive, l'être incompréhensible, le principe caché de tout ce qui est, la source invisible de toute lumière et de toute vie. Il devient producteur et générateur. La première émanation est *Kneph*, c'est la raison effectrice des choses, le Créateur. etc.

«Les pouvoirs divins primitifs, en tant qu'ils constituent l'univers, sont représentés par

(1) Essai sur le Panthéisme par l'abbé Maret, pag. 314.

une double émanation , *Osiris* et *Isis*. Osiris est le principe lumineux et actif dans la nature. *Isis, le principe passif, ténébreux, matériel. Osiris est revêtu d'une robe de lumière sans mélange de couleur.* La robe d'Isis ou de la matière est teinte de toutes les nuances variées qui se déploient dans l'univers. Isis *réfléchit dans la variété la lumière une d'Osiris,* comme la matière ; sujet de la variété reçoit toutes les formes que lui imprime le principe actif.(1) Osiris est le père des êtres; Isis en est la mère, elle a tous les attributs de la maternité. Tout ce qui est, tout ce qui respire est produit par le mariage d'Osiris et d'Isis , par l'union de l'esprit et de la matière. Ils sont identifiés, Osiris avec le soleil, Isis avec la lune.» (2)

On retrouve chez les Chaldéens un grand dieu nommé *Or ou Ur*, sous forme de feu pur, habitant une région inaccessible. *Œon ,* ou l'esprit qui produisait le mouvement du monde, *Bel* était l'intelligence divine.

Les émigrants Egyptiens qui vinrent se fixer dans la Thrace et l'Argolide auraient transporté dans ces provinces de la Grèce le

(1) Cette définition de la lune concorde avec celle qu'en donne le savant Arago.

(2) Cela concorde parfaitement avec Champollion.

culte de l'Egypte , mais ne s'y soutinrent pas longtemps. De grandes familles régnaient en quelque sorte dans la Grèce, elles repoussèrent ces théogonies comme fabuleuses, ces petits souverains admirent avec ardeur les chants nouveaux des poètes avec leurs dieux. Ceux-ci n'avaient point de caractère sacerdotal, toutes les hautes connaissances apportées par des prêtres étrangers, se confondirent avec les idées nouvelles; de ce trouble, de ces mélanges sortit le paganisme avec les chants d'Homère. Ces théories nouvelles confondues avec les anciennes traditions des prêtres de l'Egypte, finirent par les dominer et quelques générations furent suffisantes pour les faire perdre, il serait tout aussi difficile de trouver à Paris des traces des mœurs et des cultes des habitants de l'ancienne Lutèce, qu'il le serait de retrouver des traces des Phocéens à Marseille.

Moïse seul pouvait connaitre le culte des Egyptiens, puisqu'il avait joué un rôle dans le sacerdoce de ce pays, aussi nous l'avons vu emprunter à l'Egypte tout ce qui pouvait donner de l'apparat et orner la mise en scène du culte tout ce qui était imposant dans les rites et dans les cérémonies religieuses , le costume , les ustensiles, les vases sacrés et en un mot tout ce qui devait frapper par son éclat les yeux du peuple. Mais il n'eut garde d'initier les Hébreux dans les secrets des prêtres Egyptiens. Il laissa subsister l'erreur que l'ignorance et la superstition avaient créée, et nous avons déjà dit que les prêtres d'Egypte étaient les gens les plus secrets et les plus mystérieux du monde.

II.

Avant de donner l'explication symbolique de la Triade égyptienne et du prétendu dieu Anubis, nous avons cru indispensable de faire connaitre les opinions des savants qui précèdent, comme aussi de donner les éclaircissements suivants, pour combattre les erreurs qui pourraient s'être glissées dans l'esprit de nos lecteurs sur nos interprétations qui vont suivre.

Ces préliminaires sont indispensables à la solution des questions qu'on nous adresse.

Il ne faut pas croire que les ornements d'un monument égyptien, quel qu'il soit, palais, temple ou sarcophage, fussent livrés au caprice des peintres ou des sculpteurs.

Ces ornements avaient leurs règles invariables comme les nôtres les ont pour tout ce qui doit se rattacher à l'histoire ou à la religion,

soit symboles funèbres, soit tableaux historiques, etc.

Il en était de même des caractères de l'alphabet égyptien, dont le nombre et la forme
était déterminée, et dans lesquels il n'était pas
plus permis d'introduire un signe étranger et
de pure fantaisie, qu'il ne le serait d'interca-
ler un *signe chinois* dans un mot français.

Mais à propos des hiéroglyphes, qu'on nous
permette une observation.

Plusieurs ont cru pouvoir retrouver dans
l'alphabet égyptien ,l'équivalent du nôtre.
Nous disons que cela est impossible. Champollion, dans son tableau des hiéroglyphes
corrects, en a publié 750, ce qui supposerait
31 correspondant à la lettre A; autant pour les
lettres B. C. D. etc. On a poussé l'erreur jusqu'à supposer qu'une montagne indiquait un
M, un lion un L, etc. On n'a pas compris encore que la plupart des caractères de l'alphabet égyptien pourraient bien être mimés comme les signes qu'employerait un sourd-muet
,phonétiques figuratif ou idéographiques), ainsi
la pensée ou la réflexion, indiquées par un
front; voir, admirer, par un œil ; l'odorat ou
sentir par un nez, parler, chanter, louer, par
une bouche; ouïr, entendre, par une oreille. La
main présente, offre, donne, sollicite, demande ou reçoit ; avec une rame elle gouverne ,

conduit, dirige. Les verbes marcher, passer, aller, sont indiqués par des jambes. Ainsi de suite de toutes les parties du corps de l'homme, même les plus secrètes. Les actions, le travail tout y est pantomime, et plus de 40 pages du dictionnaire de Champollion sont consacrées à ces détails (1).

Quant à nos interprétations des peintures, quelques-uns ont poussé l'incrédulité jusqu'à comparer ces figures au mirage fantastique qu'on voit par un ciel couvert, ou à une *racine de buis*, où l'on voit tout ce qu'on veut y voir, et c'est sur ces visions que l'on suppose que j'ai créé *mon système.* Qu'on nous permette de citer ici les paroles d'un savant :

« Dès le début, les observations de M. Perrot paraissent ingénieuses et plausibles; mais à mesure que l'on en suit avec lui le développement, elles se multiplient, se coordonnent, s'éclairent, se démontrent l'une par l'autre et forment enfin un faisceau lumineux qui leur communique un caractère incontestable d'évidence et de vérité, etc., etc. »

D'autres peuvent avoir supposé que les

(1) Champollion cite Birch , qui dit : « Un œil humain équivaut à la voyelle I ; un bras à l'A ; une jambe à la consonne B ; les deux bras élevés au K , etc. » Cette version serait-elle préférable à celle que nous hasardons sans l'affirmer ?

Egyptiens ayant tous les mêmes croyances, les décors des caisses de momies devaient être les mêmes. La ressemblance qui peut exister entre les caisses de momies, n'est que dans la forme et dans les ornements symboliques de la mort. Nous avons expliqué l'œil ailé, les scarabées et autres qu'on retrouve sur toutes les caisses, mais elles diffèrent par les peintures historiques; car, tandis que le sarcophage d'un homme puissant sera orné de tableaux représentant la scène du passage de la barque et celui de la balance ; avec les personnages, les mêmes scènes sur la caisse d'un homme du peuple n'aura pour toute indication qu'une barque ou une balance. Citons des exemples.

Le fronton de notre Palais-de-Justice représente Thémis, avec tous ses attributs : l'épée et la balance, escortée de plusieurs personnages ; la salle de justice d'une petite ville n'aura sur sa porte qu'une *balance* dans un écusson.

Deux tombes contemporaines, celles de Napoléon et de Pie VII, peuvent avoir le même aspect architectural, les mêmes ornements symboliques : la chouette, les flambeaux renversés, le sablier, les têtes de mort, les os en sautoir et les larmes, mais ils diffèrent par leurs bas-reliefs ; car, tandis que ceux du premier représentent les principaux faits historiques de sa gloire, ceux du second sont la représentation de la piété et de la sainteté. Ainsi seraient indiqués les rôles divers que ces deux hommes jouèrent sur la grande scène du monde. Une double couronne et une tiare, un sceptre et les clés de saint Pierre sont les indices de leur rang ; mais la croix qui surmonte les deux monuments dit assez qu'ils avaient les mêmes croyances religieuses.

Il en est de même des monuments funèbres de l'Egypte : sur les temples, comme sur les caisses des momies, celle du pauvre, comme celle du riche. C'est toujours le soleil sous le nom d'Horus, de Phré ou d'Osiris (l'âme qui anime la nature, la vie) qu'on y invoque, qu'on adore comme la seule puissance qui féconde la terre et donne la vie à l'humanité, comme elle la donne aux plantes ; Osiris, Isis et Ibis, cette grande triade inventée par la fable grecque qui en a fait des dieux, créée peut-être bien par les rêveries d'Hérodote, le chien Anubis et le bœuf Apis, que nos jeunes étudiants savent par cœur et qu'ils croient être des dieux adorés par les Egyptiens, n'ont qu'une valeur symbolique qui n'a pas plus d'importance que l'agneau et la colombe représentés sur nos autels, le bœuf, le lion et l'aigle que nous donnons aux évangélistes et auxquels il serait tout aussi erronné de supposer que nous accordons un culte de Latrie.

TRIADE.

> Toute la question du Polythéisme est dans la grande *Triade*, comme l'existence du Christianisme est dans la *Trinité !*

III.

Nous recevons de plusieurs journaux, notamment de l'*Europe-Artiste* (l'article est signé Mille-Noé) et même par lettres anonymes (1), une question qui nous a été adressée cent fois verbalement par des savants du plus grand mérite, parmi lesquels Raoul Rochette, Alfred Maury, sous-bibliothécaire à l'Institut,

(1) Nous regrettons que les auteurs de ces lettres ne se soient pas fait connaître, c'est avec plaisir que nous eussions répondu à leurs savantes observations; ils nous mettent dans la nécessité de répondre par un journal, qu'ils ne liront peut-être pas, pour éclaircir leurs doutes et dissiper leurs erreurs.

l'abbé Maret dont nous avons déjà parlé , par Mariette, Persius , Gardner , Wilkinson , etc., etc., la voici :

« Si tous ces hommes à masque d'épervier, d'ibis, de chien ou de chakal ne sont pas des dieux, qu'en faites-vous ? » (1)

Réponse :

OSIRIS.

Osiris , l'homme au masque d'épervier , étant le premier en tête de la grande triade , nous commencerons par expliquer la valeur symbolique que les Egyptiens attachaient à cette figure.

La première des trois vertus Théologales , est la foi, la foi en Dieu. La foi si rare aujourd'hui, si rare du temps du Christ, qui disait à ses disciples : « Si vous aviez la foi gros comme un grain de sénevé , vous changeriez les montagnes de place. »

(1) Cette question prouve que tous les savants ont cru que ces figures étaient celles des dieux des Egyptiens ; cette erreur est professée dans tous nos collèges. Le lecteur comprendra l'importance d'une découverte qui a pour but de réduire ces théories à néant et démontrer que le Polythéisme n'existait pas en Egypte.

La science moderne a-t-elle trouvé un moyen pour symboliser la foi ? (1)

Supposons que pour résoudre ce problème, on nous représente un homme à genoux, les mains jointes, ou bien encore les mains croisées sur la poitrine, les yeux au ciel, etc. (Une croix sur l'épaule, comme la portaient les croisés, indiquerait tout au plus sa religion, mais serait insuffisante pour répondre à la question posée ci-dessus (2).

Comme on peut avoir la foi dans tous les états, supposons un instant que l'homme que nous avons dépeint est un menuisier; essayons de lui placer un rabot à la main et de lui faire dresser une douve ; ou bien soldat, qu'il croise la baïonnette et monte à l'assaut d'une redoute, conservera-t-il le caractère que sa pause et ses mains seules pouvaient indiquer?

---

(1) Telle est la question que j'adressais à M. Lejeune, peintre, membre de l'Institut.

(2) La croix sur l'épaule ou sur les étendards, était un signe de ralliement pour les chevaliers croisés. Mais quoique la croix soit le symbole de la rédemption, elle ne peut satisfaire ici à l'idée symbolique de la foi, de la piété. La première désigne une armée de la foi, qui combat pour la foi. Le masque d'épervier, Osiris spiritualise cette idée en indiquant que la pensée, l'esprit, comme la prière et les œuvres, s'adressent à Dieu.

Nous savons que les Egyptiens donnèrent la figure de l'épervier à l'âme divine, la vie de la nature, l'esprit divin.

Nous sommes donc forcés de convenir qu'en fait de symbolisme, les Egyptiens étaient plus avancés que nous.

L'auteur de cette Théogonie a dû se dire : Celui qui a la foi élève son âme à Dieu , sa première prière s'adresse à l'Eternel, ses œuvres , ses actions, ses pensées, tout lui est consacré ; il a l'esprit tendu vers la divinité (un sage a dit « que chercher à connaître Dieu , c'était l'adorer ») et voyant l'épervier planer dans le ciel, l'épervier qui a l'œil cerclé à l'image du soleil, il a dû se dire : « Je symboliserai la foi avec le masque de cet oiseau, ce qui voudra dire que, de même que l'épervier s'élève et plane dans les hautes régions du ciel, l'homme qui a la foi plane en esprit dans l'esprit divin. »

L'œuvre de Châteaubriant a exalté le génie du christianisme ; ce génie est incontestable , si l'on considère les chefs-d'œuvre en tous genres qu'il a inspirés, les hommes qui s'y sont illustrés ; si on compare le christianisme dans son principe et ce qu'il est aujourd'hui, comme monument de littérature , comme architecture , peinture , sculpture , oh ! c'est que tous les savants orateurs , les écrivains , les poètes, les architectes, les peintres, les sculpteurs, les graveurs, les ciseleurs, ont travaillé à l'immortaliser , tous les hommes de talent y ont concouru : les Michel-Ange, les Raphaël, les Primatichi , les Bernini , les Pères de l'Eglise, les Fénélon , les Bossuet et tous ces génies des derniers siècles ont contribué, par leur immense savoir , à élever ce bel édifice de la plus belle des religions , ils ont donné la vie aux scènes retracées par des historiens du plus grand mérite qui ont écrit son histoire.

Eh bien , avec tout ce génie, les auteurs de tant de chefs-d'œuvre n'ont rien trouvé d'aussi joli, d'aussi ingénieux que ce masque d'épervier pour symboliser la foi , c'est-à-dire la première de toutes les vertus (1).

ISIS.

IV.

Isis, porte dans le *Ciel astrologique*, partie d'été, les noms d'Eva, Isis, la Vierge. Elle est précédée d'un énorme serpent qui a ses enroulements dans l'hiver où il semble vouloir l'en-

(1) On ne peut objecter qu'il ne convenait pas au chistianisme d'employer de tels signes quant on voit figurer l'agneau, la colombe, l'aigle , le lion , le bœuf et même le chien et le porc , etc. , comme figure emblématiques. Comme nous l'avons déjà dit , mais le lecteur nous pardonnera des répétitions devenues indispensables dans cette circonstance.

traîner après l'avoir séduite, Isis tient dans sa main, une branche d'arbre avec son fruit.

Le Bouvier, Bootes, Adam, Osiris, vient après ; Orion les suit armé d'une épée.

Le temps a en quelque sorte consacré les erreurs des auteurs sacrés et des auteurs profanes, qui ont parlé du culte des Egyptiens. Leur opinion semblait mise à couvert sous le manteau de l'infaillibilité, qu'aucun n'osait soulever, par suite du respect qu'inspiraient les grands noms des auteurs qui les accréditèrent, les explications que nous trouvions dans nos tableaux égyptiens, en nous démontrant ces erreurs, nous ont encouragé à soulever ce voile pour arriver à la connaissance de la vérité. D'un autre côté, les éclaircissements du savant Lanci, sur le livre mosaïque, nous ont prouvé que les traducteurs avaient erré. (Voir nos citations dans notre petit ouvrage sur le prétendu polythéisme des Egyptiens).

Le lecteur, dont nous réclamons l'indulgence, comprendra qu'ayant à combattre des erreurs devenues historiques et en quelque sorte classiques, nous ayons besoin de nous armer de toutes les preuves, de toutes les comparaisons qui peuvent nous venir en aide contre les auteurs que nous aurons à combattre et contre les idées admises jusqu'à ce jour.

De tous les mythes employés dans la Théogonie de l'Egypte , Isis est celui qui a le plus
d'importance par le grand nombre de noms
sous lesquels on l'invoquait , et par les rôles
qui lui étaient assignés , non-seulement dans
le symbolisme religieux mais dans les lé-
gendes populaires.

Isis était la Vierge , la Diane , la Vesta , la
Cybèle, la Vénus, l'Hécate, la Minerve, la Cé-
rès, la Thémis, la Bonne Déesse des Grecs et
des Romains qui l'adorèrent sous tous ces
noms. On lui attribuait tout ce qui, dans la
nature, porte le nom de juste, de bon, de bien,
tout ce qui est vertu, tout ce qui est vrai, sage
et charitable. Son histoire est aussi ancienne
que le monde dont l'histoire est si ancienne,
c'est Isis qui enseigna au peuple la culture du
froment et à tisser ces fines étoffes de lin, « si
admirables qu'on ne saurait les imiter» dit
Champollion.

Isis prenait les noms de tous les lieux où
elle était invoquée, par ces innombrables con-
grégations d'hommes qui se faisaient initier
à ses mystères (mystères d'Isis), et par les
associations de femmes qui se plaçaient sous
son patronage.

Elle s'appelait Isis, Thméi , Diane-Bubasti ,
Neith , Hermès , Mouth , Pascht , Nephtys ,
Amoulcé , Selk , Tafné , etc. Elle était consi-

dérée comme l'épouse du dieu Soleil (la grande lumière) et toute puissante auprès de lui.
(dictionnaire de Champollion, page 51.) Voir
dans l'article précédent, le résumé de Jamblique et dé Porphyre, cité par l'abbé Maret (1).

Le nom d'Isis était tout aussi bien porté en
Egypte par les femmes des classes les plus
élevées, par les duchesses, et par plus d'une
reine, qu'en Europe celui de Marie. C'est une
reine de ce nom qui vint à Paris et y fut ado-
rée par les vieux Gaulois nos ancêtres. Comme nous l'avons déjà dit dans notre petit ouvrage, page 44.

Isis était la consolatrice des affligés, la
mère d'heureuse délivrance des femmes en
couche, la mère du bon secours des pécheurs
et des marins en dangers ; (2) celle des bons
pasteurs ; on brûlait des parfums sur les autels du dieu, en invoquant Isis, à laquelle on
offrait des poulets, des pigeons, des agneaux,

---

(1) Les statues d'Isis la représentent tantôt avec un
boisseau sur la tête, tantôt avec le masque d'épervier, le disque avec les palmes, assise avec un enfant
sur ses genoux ; enfin, avec une palme sur la tête.
C'est cette dernière qui est nommée Thméi ou Thémis.

(1) On raconte qu'un pêcheur provençal, en danger
d'être englouti par les vagues, s'écriait « O ! bono
mèro, se mi tires d'aquesto, ti bruli un ciergi gros
coumo m'oun mat d'artimoun » ! maï, lui dit son fils
« mon Pèro, gnia ge de tant gro !... Taïso-ti, marias...
Ti véses pas che l'ingani.»

des oies, des veaux, des fruits, du miel, des
fleurs, des statuettes, comme on brûle des cier-
ges et l'on offre des ex-voto à Notre-Dame-de-
la-Garde, ces statuettes représentaient parfois,
une femme grosse dont le ventre tombait jus-
ques sur les genoux; d'autres représentaient
des anubis ou d'autres animeaux symboliques.
Ces figures étaient en or, en argent, en bois.
en fer, en pierre, en terre ou en lapis, la plupart d'un travail très-fin et délicatement ou-
vragées; elles se retrouvent en quantité dans
les tombeaux, avec des scarabées ; des Nilo-
mètres, des amulettes de toutes sortes, ce qui
ne doit pas nous surprendre, attendu que
leurs colliers, leurs bracelets n'étaient compo-
sés que de ces objets, qui formaient en quelque sorte leur chapelet, leur rosaire et que,
comme on nous représente les Arabes égre-
nants leur chapelet dans le loisir de la tente,
de même les Egyptiens égrenaient entre leurs
doigts chacune de ces petites figures, qui nous
semblent insignifiantes et ne l'étaient pas
puisqu'elles rappelaient un vœu, une prière,
un besoin qu'on demandait à Dieu par l'inter-
médiaire d'Isis.

Isis était dans toutes les prières, dans toutes
les bouches des peuples d'Egypte, comme les
saints dans les prières et dans la bouche des
Italiens et des Espagnols.

Isis était encore la protectrice des morts après avoir été celle des vivants, on l'avait nommée Mouth, parce que pendant une partie de sa course, elle éclaire chez les morts. (Diane la lune) (1).

Enfin l'Egypte était placée sous le patronage d'Isis comme la France sous celui de la Vierge et Naples, sous celui de St-Genaro.

Les Grecs qui ne comprirent pas les symboles des Egyptiens, puisèrent dans les vertus et dans les divers noms donnés à cette personnification, les noms de toutes leurs grandes déesses, ils firent une histoire à Isis comme ils en firent une pour la mère d'Adonis et ne comprirent pas le sens allégorique, renfermé dans cette mère qui pleure son fils pendant l'hiver, où il est presque mort, et qui se réjouit depuis le printemps jusqu'en automne. C'est l'histoire du soleil.

———

(1) Les Grecs en firent Hécate que leur légende a divinisée en la faisant la conductrice des morts dans le royaume de Pluton, par allusion aux pilotes Egyptiens chargés de remonter le Nil, lorsqu'ils portaient les morts à la plaine des momies où aux tombes de la vallée de Biban-El-Moulouk, et qui profitaient du clair de lune.

IBIS.

V.

Un arrêté de la préfecture du Gard
défend de tuer les hirondelles !...

Un décret du souverain d'Egypte défendait
de tuer un Ibis sous les peines les plus sévè-
res !

L'arrêté eût fait croire à Hérodote que nous
adorions les hirondelles ; comme le décret lui
a fait dire que l'Ibis était adoré en Egypte (1).

Nous connaissons les services que nous rendent les hirondelles, ces petites veuves si jo-
lies qui nichent avec confiance près de l'homme sous la corniche de ses toits (2), et chan-
tent sur ses croisées dès le point du jour. Qu'elles rasent le sol ou la surface des ondes,

(1) Non-seulement les hirondelles sont protégées
par cet arrêté, mais il étend sa protection sur tous
les insectivores. En Hollande la cigogne, en Angle-
terre le cygne, dans l'Amérique du Sud, c'est le vautour. On ne supposera pas que ces animaux sont adorés.

(2) La plus petite espèce d'hirondelle est blanche
en dessous, tandis que ses ailes et tout le dessus est
d'un noir lustré.

qu'elles s'élèvent vers le ciel, c'est pour livrer un combat continuel aux moucherons dont elles font leur pâture, ces cousins si obstinés à nous tourmenter pendant le sommeil.

J'ignore le service que le cygne et le vautour peuvent rendre aux pays qui les entourent de leur protection (1), mais à coup-sûr aucun n'a l'importance de ceux que l'Ibis rend à l'Egypte.

Nous lisons dans la relation d'un voyage au Mont Sinaï, par Alexandre Dumas, qu'au delà du désert de l'Arabie, on trouve à chaque pas, sous les rares touffes d'herbe, sous les broussailles, sous les ronces, des quantités innombrables de serpents dont les piqûres sont des plus dangereuses, ces serpents poussés par le besoin de pourvoir à une nourriture qu'ils ne peuvent trouver dans ces déserts de sables, émigrent par colonnes de plusieurs milliers, suivent les traces des troupeaux pour lesquels ils sont aussi dangereux que pour les hommes. Alors, par cet instinct que l'Être Suprême a donné à chaque animal, on voit une troupe d'Ibis se réunir et voler vers la colonne de serpents, leur livrer bataille jusqu'à l'instinction de la bande.

(1) On dit que le cygne purifie les eaux, la cigogne remplit les mêmes fonctions que l'Ibis qui lui ressemble un peu, le vautour nettoie les rues de toutes les immondices qu'on y jette.

L'Ibis, se nourrit, en outre, de tous les insectes nuisibles aux céréales et aux fruits. En fallait-il davantage dans un pays exposé à voir les plus belles récoltes dévorées par ces nuées de sau-terelles qu'y poussent les vents du désert ?

Le mérite de l'Ibis et son utilité sont des faits incontestables, comment la théogonie de l'Egypte en a-t-elle fait un symbole? C'est ce qui nous reste à démontrer.

L'Ibis chasse au bord du Nil, ou des ma-rais, ou quelques serpents sont parvenus à se réfugier. Mais cet oiseau, faible de sa nature , doit craindre que, tandis qu'il baissera la tête dans ces hautes herbes ou joncs qui crois-sent au bord des eaux, un oiseau rapace, ai-gle ou tout autre, tombe sur lui. Aussi a-t-il soin de regarder *le Ciel* à droite à gauche pour s'assurer qu'il n'y a aucun danger.

Ce soin de veiller à sa conservation l'a fait adopter comme symbole de la *prudence* et de la *sagesse*, et les Egyptiens comparèrent les hommes doués de ces vertus ; aux Ibis, ils les nommèrent Ibis , Thôt. Les hommes sages furent considérés comme les fils du Dieu , et parce que la sagesse est une vertu divine on les qualifia de fils de *Phré* et de *Mouphta* (le soleil et la lune) (1).

(1) Telle est l'origine de cette fameuse triade d'Ibis, dont nous avons parlé à la page 22 de notre petit ou-

Le masque d'Ibis fut donné à l'homme dont nous ferions un juge de paix, un arbitre, un prud'homme, un commissaire ; enfin, les géomètres, ces professeurs d'une science si utile dans ce pays, étaient qualifiés de Thôt.

Thôt était le secrétaire du Dieu de la lumière comme il était celui du prince, c'est lui qui écrivait dans le livre hermétique. Dans nos peintures au 10ᵉ tableau, c'est lui qui tient la balance pour peser le cœur et les vertus de la défunte. Ministre du Roi de la terre, on l'a supposé ministre du Dieu du ciel. Dans le 18ᵉ tableau Ibis conduit Athéphinofré auprès du Dieu. Ce tableau symbolique indique que la sagesse et la prudence peuvent nous ouvrir les portes du ciel lorsqu'elles sont jointes à la justice et à la foi.

Nous en avons fini avec la Grande Triade d'Hérodote, les lecteurs instruits auxquels nous destinons nos recherches et nos études, comprendront, nous l'espérons du moins, que les peuples voisins de l'Egypte dont les prêtres étaient les gens les plus mystérieux du monde, et qui cachaient avec tant de soin leurs mystères et leurs secrets, n'aient rien compris à ces figures mystiques et symboliques qui donnèrent naissance à tant d'erreurs.

vrage. — Cause des erreurs des Grecs, qui lui forgèrent même une monade, en divinisant tous ses ascendants connus, ou supposés

ANUBIS.

VI

Après la Grande Triade personnifiée (la foi, la justice, la vertu et la vérité (1), la prudence et la sagesse) , la *fidélité* méritait bien qu'on lui donnât une place parmi les Symboles.

De tous les animaux, le chien était la seule figure qui pût symboliser la fidélité. Le chien de garde d'une ferme est infatigable de vigilance; celui qui veille près d'un troupeau, rode , court à l'entour , jappe et menace de mordre les jambes de la brebis qui s'écarte et la force à rentrer , en même temps qu'il surveille les loups ; à la chasse, s'il arrive un accident à son maitre il va tirer par le pan de l'habit les passants pour lui amener du secours; qu'on le frappe, il se couche et demande grâce, le moindre signe d'indulgence et il saute, gambade, vous baise; son bonheur est de la folie, ceux du Mont-Saint-Bernard sont heureux d'avoir sauvé un enfant , un homme égaré et quelques fois enseveli sous la neige ,

(1) Isis était aussi la vérité (Champollion.)

ceux de Terre-Neuve de sauver un naufragé; enfin le chien se laisse mourir sur la tombe de son maitre !

L'astrologie lui a assigné une place dans le ciel, «Syrius, le chien, l'aboyeur, par son apparition, prévient le laboureur de l'approche du débordement du Nil » (Francœur).

Comment les Egyptiens, depuis si longtemps observateurs de la nature, n'auraient-ils pas reconnu les instincts du chien et ne l'auraient-ils pas choisi comme symbole de la fidélité. Quand nos arts modernes l'ont admis comme tel dans les tableaux, les bas-reliefs, les peintures, les sculptures, les poètes n'ont indiqué la fidélité que sous les traits du chien.

Ainsi les Egyptiens donnèrent le masque du chien (Anubis) aux gardiens du temple , à celui qui garde l'entrée du second cercle du cimetière (5ᵉ tableau) etc.

Anubis veillait à la porte des Archives sacrées, à celle du sanctuaire, à celle du ciel.

Le chakal qui par sa nature et ses instincts tient du chien et de la hyène, cherche les cadavres , les déterre et en fait sa pâture, qu'on voit couché près du lieu où est enseveli le mort (1) et roder dans les cimetières.

(1) 5ᵐᵉ tableau.   3

Les Egyptiens en firent l'anubis-chakal ou le gardien des morts.

Soit dans un sens figuré oralement , soit dans la peinture ou la sculpture, ces signes symboliques appartiennent à l'Egypte, et plus d'une fois l'Ecriture Sainte en a fait usage : « Voici *le lion* de la tribu de Juda , la racine de David » (1).

L'histoire moderne en donne plusieurs exemples. « *Le lion a parlé*,» formule ordinaire pour indiquer qu'on a trouvé dans la gueule du *lion* de St-Marc un billet dénonçant un complot contre l'Etat (2).

Non-seulement les animaux, mais les fleurs ont servi dans ces fictions ingénieuses qui nous sont venues d'Egypte (3).

A Rome comme dans l'ancienne capitale des Gaulois (Lutetia) le culte faiblissait et subissait la loi commune du temps qui détruit tout ce que l'homme fait, et tandis que le culte des druides avait compté une durée de plusieurs milliers de siècles, à peine 700 ans s'étaient écoulés depuis sa fondation et Rome n'avait plus de dieux, ou du moins les avait usés ,

(1) Apocalypse, Chap. 5. V. 5.
(2) Histoire des doges de Venise.
(3) Le langage des fleurs.

par l'abus des miracles, des prodiges, par une foule de cérémonies outrées qui avaient fait dire à Cicéron : « Comment deux augures pourraient-ils se regarder sans rire?» Plaisanterie terrible, mortelle pour un culte qui chancelait déjà. Alors le sacerdoce crut devoir appeler à son secours les dieux étrangers, ou du moins ce qu'ils prenaient pour des dieux, et c'est ainsi qu'on vit s'élever dans la capitale de l'Empire des temples à Isis-*Sérapis* (1) et Anubis ; alors, dit Jemblique, se formèrent à Rome ces *confréries* d'Anubis. Apulée en fait de plaisantes descriptions. Le nom d'*Hermanubis* leur est donné par Eusèbe, etc. Et nous voyons dans l'histoire romaine que ces pieuses mascarades, favorisèrent l'évasion de Volusiens, condamnés à mort par le sénat.

Quoi qu'il en soit du culte d'Anubis, il fut très-couru et plus d'un Empereur ou Impératrice portèrent son costume en public. On ne croyait plus à la puissance des anciens dieux, on désertait leurs temples pour venir implorer les faveurs des nouveaux (2).

Ces succès aveuglèrent les prêtres qui bien-

(1) A Nimes, voir l'histoire des antiquités.

(2) Par erreur quelques auteurs ont attribué à Néron l'introduction à Rome du culte d'Anubis.

tôt se crurent tout permis, les mystères et les
initiations eurent des débordements qu'on
pourrait comparer à ceux des anciennes fêtes
des fous qu'on célébrait à la Noël , le sénat
s'en émut et dut les supprimer par un décret.
L'histoire de la séduction de Pauline , femme
de Saturninus , par Mundus qui s'était substitué à l'Idole d'Anubis , portée devant Tibère,
fut cause que cet Empereur condamna les
coupables à mort, fit détruire les temples et bri-
ser les statues qui furent jetées dans le
Tibre (1).

Ainsi finit, à Rome , le culte d'Anubis qui
n'eut que peu de durée.

------

(1) Lasse d'offrandes et de prières aux dieux im-
puissants de Rome, Pauline, femme de Saturninus ,
se voua au culte d'Isis.

Mundus, fils d'un patricien, épris des charmes de
la jeune dame, parvint à séduire les prêtresses d'Isis,
qui dirent à Pauline que le dieu Anubis désirait avoir
avec elle un entretien dans son temple. Cette dame se
crut honorée et se rendit au rendez-vous. Mundus
s'était substitué à l'idole d'Anubis, Pauline fut faible
et céda aux pressantes sollicitations du dieu.

A quelques jours de là. Mundus eut l'imprudence
de rappeler à la belle Pauline les scènes du temple.
Celle-ci indignée s'en plaignit à son époux, qui de-
manda vengeance à l'empereur Tibère. Ce prince fit
raser les temples, punir de mort les coupables et je-
ter les statues dans le Tibre.

LE BŒUF APIS.

Qu'est-ce qu'une date auprès de l'Eternel qui n'en a pas ? (1)

Nous avons en quelque sorte épuisé la matière et dit tout ce que nous pouvions dire, pour démontrer que le symbole attaché à cette figure prouvait que le Bœuf Apis n'a jamais été l'objet d'un culte en Egypte.

Le lecteur a vu à la page 36, (première partie), que Moïse donne aux bœufs dont il s'est servi pour supporter le grand vase de purification, le symbole de la puissance divine, comme il était celui de la fertilité d'après Zacharie. A la page 41 et suivant, les citations puisées dans le dictionnaire de Champollion ; enfin à la page 44, le passage rapporté par M. Lanci, qui cite Ezéchiel : « Le *Bœuf* est appelé le *laboureur*, parce que le nom que lui donne l'Ecriture-Sainte, *chérubin, chérub,*

______

(1) S'il est vrai, comme une infinité de savants l'assurent, que la date de notre Rédemption est erronnée et qu'il faudrait y ajouter quatre ans, comment prétendre assigner avec certitude celle du Déluge ou de la Création, quand nous voyons les Septante donner cinquante-six versions, dont l'une a près de 3000 ans de plus que l'autre ? — Première partie, page 64. (Extrait de Morery.)

est tiré de la racine arabe *carab* , qui signifie *tourner la terre avec la charrue*; il est représenté avec un soleil sur la tête. C'est l'image du soleil dans l'une de ses positions, etc. »

L'astrologie lui a assigné une place dans le ciel, après le signe de l'Agneau et avant celui du Lion, etc. A quelle époque remonte ce classement des astres ? la connaissance de cette science devenue exacte? quels ont été les premiers astronomes qui donnèrent aux constellations des noms , des formes et des figures , et leur assignèrent une place ?

« Les Chaldéens, dit Champollion, prétendent avoir étudié l'astronomie quarante-trois mille ans avant les Egyptiens. » Depuis combien de siècles ces derniers se sont-ils livrés à l'étude d'une science qu'ils portèrent si loin et qui devint pour eux un culte? car de tous les corps célestes, le soleil étant le plus puissant, ils l'adorèrent comme chef suprême des astres qui brillaient à leurs yeux, ils reconnurent sept planètes et de leur nom à commencer par le soleil, ils formèrent la semaine composée de sept jours auxquels ils donnèrent les noms de ces astres. Le culte des Egyptiens fut un culte d'astronomie. Le zodiaque de Denderah, auquel les Grecs ne comprirent rien et si peu compris par les modernes; pourrait seul expliquer cette grande énigme de l'antiquité de ces études ; si l'on parvenait à traduire avec exactitude les caractères hiéro-glyphiques qui sont tracés sur le devant de chacune des figures qui soutiennent son disque. A-t-il été transporté et placé sur le plafond du temple de Denderah, lors de sa construction? quelle est la date de ce monument? en le supposant plus jeune que le zodiaque, sait-on la date de celui-ci? Ce sont autant de questions auxquelles il serait bien difficile de répondre, car nous ne pouvons accepter ce que les partisans de l'ignorantisme ont dit là-dessus, et soit que les auteurs du zodiaque aient voulu rappeler une date, un point de départ de leurs connaissances astronomiques, et par conséquent celui de leur religion, en admettant que ce fût une copie, il en résulte-rait toujours ce fait, que la place qu'occupe le soleil dans *le Verseau*, donne à ce monument environ 16,440 ans ; mais si l'on considère que le soleil n'est pas appuyé sur le cercle, et peut par conséquent être regardé comme étant en voie de faire son deuxième ou son troisième tour du ciel, il indiquerait alors un chiffre beaucoup plus élevé, cela n'aurait rien de bien surprenant, puisque « l'étude des deux pério-des solstiaques de 26,000 ans chacune, » dit Champollion, « donnerait 52,000 ans. »

Les Grecs, qui ne comprirent jamais les

symboles des prêtres d'Egypte, virent dans ce
ciel personnifié , un Jupiter couronné assis
sur un trône , un aigle tenant une flèche ,
image de la foudre; le lion de Némée; Hercule
et l'hydre; Apollon et le serpent Python ; l'ar-
go , le vaisseau et le dragon du jardin des
Hespérides; Andromède; Persée ; etc... (1) Ils
en firent les dieux du ciel, et toutes leurs fictions
poétiques roulèrent dans ce vaste cercle de
l'imagination.

Avant la révélation , les Hébreux compri-
rent-ils mieux et ne tombèrent-ils pas dans les
mêmes erreurs que les Grecs ?

Tant de théogonies diverses qui existent
sur ce globe , n'ont-elles pas eu la même
source ?

OBSERVATIONS.

Pendant que nous poursuivions le cours de
notre publication sur la grande triade d'Hérodote , le chien Anubis et le Bœuf-Apis, nos
articles ont provoqué une polémique et plusieurs lettres ont été insérées dans le même
journal qui nous prête ses colonnes , la première est celle de M. H. M. dans le numéro

(1) Tels sont les noms de ces constellations ; con-
sulter Fontanelle, Francœur, Arago, etc., etc.

41

du 27 septembre. Faute de meilleure raison,
l'auteur nous demande : 1° Si c'est une véritable momie que nous possédons ? 2° si la
caisse sur laquelle nous faisons nos études n'est
point une copie ?

L'authenticité de la momie n'est pas en question lorsqu'il s'agit de l'interprétation des peintures qui ornent la caisse qui la contient; néan-
moins j'ai donné la preuve de son authenticité par des témoignages irrécusables.

Ma réponse du 2 octobre a dû prouver aux
lecteurs que les interprétations des peintures
seraient les mêmes, en admettant, ce qui n'est
pas , comme nous l'avons démontré , que ce
fût une copie.

Nous garderons le silence sur le reste de
cette lettre, dont l'inconvenance est révol-
tante , et franchement, n'en déplaise à M. H.
M., nous aurions voulu une discussion plus
digne et surtout plus sérieuse !

Le numéro du 30 contient une lettre du savant abbé Blanc, curé à Domazan, qui relève
une erreur de citation , j'ai dit, d'après l'abbé
J.-F. André, que le livre de M. Lanci avait reçu l'approbation du Saint-Père , ce qui est
affirmé par l'auteur de la traduction faite à
Orange en 1844 , page xiij ; tandis que M.
Blanc nous dit que cet ouvrage fut mis à l'in-
dex le 4 octobre 1845. Je l'ignorais.

3*

Pour clore cet opuscule nous demandons aux lecteurs qui ont eu la complaisance et la patience de nous suivre, de nous permettre une dernière observation.

Nous l'avons déjà dit, toute la question du Polythéisme, est dans la Grande Triade à laquelle nous ajoutons Anubis. (1)

Il n'y a donc en réalité dans cette Théogonie que quatre personnages ayant les formes humaines.

Osiris, l'homme au masque d'épervier.

Isis , ou Thmei, nous avons expliqué et justifié tous ses titres, ses noms et ses vertus, et le cas où elle justifie celui de Thémis.

Ibis, l'homme au masque de cet oiseau.

Anubis, l'homme au masque de chien.

Depuis près de vingt-quatre siècles , les Grecs , et en cela ils ont été imités par les Romains et les modernes, ont fait de Thémis , la déesse de la justice. Poètes, peintres et sculpteurs lui ont donné la même valeur symbolique qu'elle avait chez les peuples d'Egypte.

____

(1) Quant aux oignons de Juvénal qui , du reste , ne dit pas qu'ils fussent adorés , les crapauds , les lézards , les mouches ou les porreaux , ce serait une dérision de croire à leur divinité. Peut-on nier la haute sagesse et la philosophie des prêtres de l'Egypte dont les auteurs rendent témoignage et que justifie le long séjour de Platon parmi eux ? Ne serait-ce pas une anomalie inqualifiable, opposée à la sagesse qu'on leur accorde généralement , que de supposer qu'ils adoraient des insectes ou des légumes ?

Tous les savants et les artistes ont adopté le chien comme symbole de la fidélité.

Ainsi sur ces quatre personnages, *deux ont reçu en quelque sorte leur naturalisation,* Thémis et Anubis, deux sur quatre !

Je l'avoue, je ne puis m'expliquer, comment le soupçon n'est pas venu à l'esprit des savants que les deux autres, Osiris et Ibis, pouvaient bien aussi n'être que des figures symboliques ? Tout s'expliquait.

La vérité était là.

Honni soit qui mal y pense !

Loin de nous la pensée d'être hostile aux idées reçues en matière de religion, pour lesquelles nous professons le plus profond respect. Nous avions déjà prévenu nos lecteurs qu'ayant à combattre les auteurs qui, par erreur, accusèrent les Egyptiens de polythéisme, nous serions forcés de nous armer de toutes les comparaisons et citations qui pourraient nous venir en aide.

Ce ne serait pas la seule fois qu'on n'aurait pas compris les choses les plus simples. Le 17me siècle ne comprit pas Galilée, puisqu'il fut persécuté pour avoir dit : « que la terre tournait » parce que Josué croyait que c'était le soleil ; on ne vit pas que telle était la croyance du temps où vivait le prophète. Dieu qui comprit mieux son désir , suspendit la marche de la terre.

Les Grecs ne comprirent pas mieux les symboles des Egyptiens.

ACCORDEZ-MOI UN ZÉRO.

Avec un zéro ajouté au chiffre de la création nous serions tous d'accord (1).

Nous trouverions :

Les 52,000 années des deux solstices de Champollion ;
Les 43,000 d'études astronomiques des Chaldéens ;
Les 42,000 de Cuvier (pour l'humanité).
Les 200 ou 300 siècles incertains des héros de tous les peuples.
Les 2,400 années de règne de 16 dynasties d'Egypte , depuis Ménès jusqu'à Timaos , ou l'époque d'Abraham.
L'âge du zodiaque de Denderah , soupçonné par plusieurs auteurs et réalisé par nos calculs (16440 ans).

Sans adopter les dates incertaines que se donnent la Chine , l'Inde , l'on pourra admettre ce qui est certain et historique. Ainsi :

4,900 ans , Bhéret, Poète dramatique, Inde, (Gratien Arnoult , prof.).

(1) On a si souvent rejeté les erreurs sur les copistes, que l'on peut bien admettre l'omission d'un zéro dans le chiffre de la création. Quand Guérin de Rocher ajoute 30 pour faire 330 rois avec les 3 fils de Noé. Notre clergé, si savant, ne convient-il pas que les six jours de la création *sont six époques de* 6,000 *ans et plus* chacune !!

3,800 Valmiki et Vyasa , Poëtes épi., Inde, (*Idem*).
3,700 Taunax , Cals-Omorts , en Perse, (*Idem*).
3,700 Henoc, Saba, rois d'Arabie, (Morery).
3,500 Ancêtres d'Ogus , en Chine, (Arnoult).
3,500 Emigration en Russie, (*Idem*).
3,000 Soui-Gin-Chi , auteur en Chine, (*Idem*).
3,000 Mos , conquérant , en Russie, (*Idem*).
3,086 Nemrod , roi d'Assyrie , (Morery).
2,786 Evechous ,   (*Idem*).
2,780 Comasbolus ,   (*Idem*).
2,772 Porus ,   (*Idem*).
2,737 Necbubes ,   (*Idem*).
2,694 Abius ,   (*Idem*).
2,646 Oniballus ,   (*Idem*).
2,601 Chinzirus,   (*Idem*).
    Les Arabes s'emparent du trône.
2,561 Mardocentes , (l'abbé Morery).
2,516 .... 40 ans , (*Idem*).
2,476 Sifimordacus ,   (*Idem*).
2,448 Nadius ,   (*Idem*).
2,411 Paramus ,   (*Idem*).
2,371 Nabonnadus ,   (*Idem*).
2,349 C'est à cette date que presque tous les auteurs
    supposent le déluge.
2,346 *Belus se rend maître de Babylone.*
    Suite des rois dont Sardanapalus est le dernier , et
règne jusqu'en 883 , avant notre ère ; cette suite des
rois d'Assyrie est donnée par l'abbé Morery , d'après
Jules AFRICAIN.
    2,300 Thiéry nous dit qu'une émigration des peu-
ples de l'Asie-Mineure se répandit dans les forêts
de l'Allemagne , près du Danube ; ils poussèrent plus
tard jusqu'au Rhin , qu'ils franchirent et envahirent
la Gaule et de là passèrent en Espagne , sous le nom
de Celtes conquérants.
    Ce mouvement força les habitants des bords de la
Guadiane à passer les Pyrénées environ 1650 avant
notre ère; ils occupèrent les pays où sont aujourd'hui,
Nimes , Arles , Antibes , Nice et au-delà. (Voir nos
lettres sur Nimes et le midi de la France).

    Ainsi seront possibles les choses qui ne
l'étaient pas. Un *zéro* opèrera tous ces mira-

cles , temps , population des empires qui exis-
taient avant et à l'époque d'Abraham, etc.

Notre amour pour la science et la découverte de la vérité a dirigé nos études , et nous
serons heureux si nos efforts , pour atteindre
ce but , peuvent inspirer à des hommes plus
capables que nous,de venger les Egyptiens de
l'accusation que tant de peuples , qui ne les
les comprirent pas , portèrent contre eux.

NOTES.

« Qui ne sait pas, s'il a voulu l'apprendre, ce que
sont les bizarres récits de DIODORE de Sicile et plus
encore ceux d'Hérodote.»(Dynasties d'Egypte,pag.21,
par Mgr de Bovet, archevêque de Toulouse.)
« Ainsi le règne des hommes et la fondation du
royaume d'Egypte remonterait, suivant la vieille chro·
nique, à 3,360 avant notre ère. » (Bovet, pag. 55.)

Tous les efforts de Mgr de Bovet ne pourront nous
faire accepter les erreurs de l'abbé Guérin du Rocher.
» Les Egyptiens , dit-il , pour se créer une suite
» de rois, ont fait de Noé, leur premier roi Ménès; de
» Jacob , Sésostris ; de Moïse ou Mosches , Toutmo-
» sis ; etc. , etc.
» Joseph, Rubens , etc., sont tous des noms em-
» pruntés par les Egyptiens , pour exalter leur his-
» toire. Les Icksos ou pasteurs ne sont autres que
» les Hébreux qui s'emparèrent de l'Egypte sans
» efforts , » dit le savant Mgr de Bovet.
Ainsi, la venue d'Abraham , en Egypte , l'enlève-
ment de Saraï par le Pharaon , Joseph , ses songes et
sa prison, Moïse tiré des eaux , tout est controuvé !
Qui a tort ?

Lisez les Juges, chapitre II, V, X, XI : « Les enfants d'Israël ont oublié tous les miracles que l'Eternel fit pour eux , et ils adorent Bahal , et se font *des marmouzets.*

A moins d'admettre qu'il n'y avait rien d'écrit , comment supposer que ce peuple tombe dans l'idolatrie, lois , ordonnances , histoire , Dieu même est oublié. Et s'il en était ainsi , pourrait-on admettre qu'après quarante-deux générations on eût tout écrit sur des souvenirs, quand dix ans après la mort de Josué, tout était oublié, même leur religion ? Comment supposer qu'ils se fussent souvenus de la religion des Egyptiens.

J'aime mieux , avec M. Lanci , croire que tant d'invraisemblances doivent être rejetées sur les copistes ou les traducteurs.

J'ai lu en ma vie vingt bibles; je n'en ai pas trouvé deux d'accord !

Par respect , je me serais interdit de parler de ces livres, sans l'obstination avec laquelle on les a opposés à mes recherches sur la théogonie de l'Egypte.

Nimes. — Typ. SOUSTELLE, boulevart Saint-Antoine , 9.

OUVRAGES DU MÊME AUTEUR:

Lettre sur Nimes et le Midi. — Monuments antiques et historiques du Languedoc , de la Provence et du Dauphiné , 2 vol. in-8º, avec vignettes ...... 15 fr. »

Histoire des Antiquités de la ville de Nimes , 11ᵉ édition , 1 vol. in-8º, avec vignettes .... 5 fr. »

Une Visite à Nimes , avec vignettes........... 3 fr. 50

Essai sur les Momies , 2ᵉ édition , avec vig.. 5 fr. »

Mémoire sur l'inscription de la Maison-Carrée , in-8º, avec vignettes .... 1 fr. »

On peut se procurer tous ces ouvrages chez l'auteur, franco par la poste.